AF233293

LA PRUSSE

EN ORIENT

PLAN BISMARK

PARIS

E. DENTU, LIBRAIRE-ÉDITEUR

PALAIS-ROYAL, 17 ET 19, GALERIE D'ORLÉANS

—

1871

Tous droits réservés

PRÉFACE

———

A l'Angleterre !

Il y a deux ans à peine, un Prussien me disait :

« Quand nous vous aurons vaincus, quand nous vous
» aurons mis dans l'impossibilité d'agir, **nous résou-**
» **drons la question d'Orient.** »

LA PRUSSE

EN ORIENT

Que va devenir la France? Que vont devenir l'Europe et le monde? Telles sont les deux questions que tout homme, que tout Français qui pense, pour peu qu'il aime son pays, doit se poser et s'efforcer de résoudre.

En effet, l'ancien équilibre européen est détruit, l'édifice social croule de toutes parts, la France vient d'être abattue et foulée aux pieds par une puissance nouvelle, qui s'annonce aux peuples de l'Occident comme destinée à les guider désormais, et à leur imposer ses institutions, ses idées et ses mœurs. Cette puissance, la Prusse, qui a mis des siècles à se former, et qui a grandi lentement à l'aide et aux dépens de ses voisins, la Prusse a soudain brisé le cercle qui l'enserrait; elle s'est constituée en puissance conquérante; et trois nations l'une après l'autre, surprises à l'improviste, sont tombées sous ses coups.

Ces succès inouïs ont-ils satisfait les Prussiens? Leur ambition est-elle assouvie? Croient-ils avoir complétement rempli leur tâche? — Nullement.

Le doute aujourd'hui n'est plus permis : il faut que l'Autriche, l'Italie, l'Espagne, la France et l'Angleterre elle-même se résolvent à être les satellites de l'Allemagne, à subir sa loi et sa domination, ou, qu'indignées d'une telle audace, elles s'unissent dans un suprême effort pour mettre un frein au débordement des Germains.

Aveugle, mille fois aveugle, celui qui ne voit pas clairement que les invasions antiques du Midi par les hommes du Nord ont recommencé, mais sur une plus grande échelle, et dirigées par le plus savant organisateur qui ait paru jusqu'à ce jour. Ce n'est plus Gengiskhan, ce n'est plus Attila, s'élançant, comme des torrents furieux, à la tête de bandes indisciplinées; c'est le génie du Nord marchant, avec science et méthode, à la conquête du monde.

Il l'a dit par la bouche de son maître :

« J'accomplis une mission, je dois régénérer » la terre. »

Nos voisins d'outre-Manche, si fiers à juste titre de leur nationalité, ne vont pas manquer de se récrier et de demander en quoi l'existence de l'Angleterre est compromise ? — qui oserait porter atteinte à leur souveraineté? — Leur empire n'est-il pas aussi étendu que la terre elle-même? et le titre d'Anglais n'est-il pas partout respecté?

Oui, vous êtes grands, vous êtes forts, vous êtes puissants et riches; mais, nous aussi, nous étions la grande nation française, et nous sommes terrassés, à la merci de l'Allemagne.

Je veux démontrer, avec la dernière évidence, que l'Angleterre est menacée, pour un temps très-proche, d'une chute plus grande que celle de la France, d'une ruine plus complète, **et que cet anéantissement de la puissance anglaise est absolument nécessaire à la réalisation du plan gigantesque de M. de Bismark.**

C'est la démonstration de cette vérité qui fournira la réponse à ces questions :

> Où va la France?
> Où va l'Europe?
> Où va le monde?

Sans parler de la haine bien connue que les Prussiens nourrissent au fond de leur âme contre les Anglais, il est évident que les projets de M. de Bismark, après la défaite de la France et la conquête de l'Alsace-Lorraine, sont tout aussi imparfaitement réalisés qu'après l'écrasement de l'Autriche.

Si, en 1866, M. de Bismark n'eût eu en l'esprit

d'autres projets de conquête, la victoire de Sadowa eût été, ainsi que l'a dit avec grande raison M. de Girardin, « le point de départ d'une
» alliance étroite entre la France, l'Italie et la
» Prusse; alliance qui eût fait de ces trois puis-
» sances les arbitres suprêmes de tous les dif-
» férends européens; alliance qui eût permis à
» ces trois puissances, tout en adoptant le même
» régime militaire, de réduire considérable-
» ment leurs armées; alliance, enfin, qui eût
» été consolidée par la force des choses. Assise
» sur la base de cent millions d'habitants, cette
» paix, qui eût été assez fort ou assez téméraire
» pour tenter de l'ébranler? »

Évidemment l'ère des guerres était close à tout jamais.

M. de Bismark se garda bien de conclure cette alliance et se mit, tout au contraire, à faire immédiatement les préparatifs de la guerre de France qui, dans son esprit, était le complément obligé, nécessaire, de la guerre de 1866 et devait, *mieux que ne l'eût fait la prise de Vienne,* transformer l'empereur d'Autriche en vassal de l'empereur d'Allemagne. Il agit de même en 1871 et pour le même motif. Qui ne saisit, en effet, que l'abaissement de la France, quelque grand qu'il soit aujourd'hui, ne sera jamais définitif et ne cessera pas un seul jour d'inspirer les plus vives inquiétudes à Berlin, tant qu'on y pourra redouter une alliance anglo-française?

L'Angleterre est maintenant, vis-à-vis de l'Allemagne, dans la situation où se trouvait la France depuis 1866. Il faut donc absolument, pour que les Allemands possèdent en toute sécurité les provinces françaises, et pour qu'ils aient sur tous leurs voisins une prépondérance incontestée, il faut, dis-je, que la puissance de l'Angleterre soit anéantie. Voilà une première raison qui rend inévitable la guerre entre les Allemands et les Anglais; mais ce n'est ni la seule ni la plus décisive.

Doué d'un immense génie, M. de Bismark cet impitoyable calculateur dont l'âme est aussi sauvage que son esprit est cultivé, que ses conceptions sont vastes et précises, qui voit le but d'un œil sûr et y marche droit par tous les moyens avouables et non avouables, *per fas et nefas,* ce fondateur de l'Empire allemand s'est proposé un double résultat. Il veut, et jusque là il a pu ce qu'il a voulu, il veut régner en maître sur tout l'Occident et trouver de par le monde une vaste colonie qui serve d'asile au trop plein de la population allemande, tout en lui permettant d'avoir une marine au moins égale à celle des Etats-Unis d'Amérique.

Or, de même que la France le gênait hier,

l'Angleterre aujourd'hui, l'Angleterre seule le gêne dans l'accomplissement de cette œuvre.

D'une part, l'Angleterre peut se mettre en travers de son autocratie. Elle peut, dans les conseils, parler haut et se faire écouter; elle pourrait, au besoin, si elle s'y trouvait intéressée, en unissant toutes ses forces à celles de la France et des autres puissances, jeter le gant à la face du nouvel Empereur.

D'autre part, elle n'est certes pas disposée à laisser l'Allemagne conquérir à son aise, par delà les mers, un vaste territoire. L'Angleterre est donc très-gênante, et M. de Bismark n'a pas attendu longtemps pour le lui dire. La paix était à peine signée qu'il s'est empressé de notifier ses prétentions au sujet d'Héligoland et d'Anvers.

Ce serait, cependant, une bien fatale erreur de croire que M. de Bismark songe à s'emparer, quant à présent, d'Héligoland ou d'Anvers. Il ne se dérange pas pour si peu, et ce n'est pas pour ces deux bribes qu'il voudrait chagriner l'Angleterre. — Eh, bon Dieu! que feraient ces miettes dans son immense estomac? Lui supposer des intentions si mesquines, c'est méconnaître à la fois et l'étendue de son esprit et la portée du mouvement qui s'opère en Europe. Cette question est le pendant de la question du Luxembourg, qui fut pour la France le prélude

de la guerre. M. de Bismark n'a d'autre inten-
tion, en soulevant ces incidents, croyez-le, que
de détourner l'attention de ceux qu'il se dispose
à frapper d'un autre côté (1).

Le drame effrayant qui se déroule sous nos
yeux et qui frappe de stupeur le monde entier,
n'en est encore qu'au second acte; mais le dé-
nouement ne se fera pas attendre. Les rôles sont
distribués, les parts sont faites, l'heure est mar-
quée aux chronomètres de Berlin et de Saint-
Pétersbourg.

Ce n'est pas sans un dessein prémédité de
longue main que la France est restée seule,
qu'elle s'est vue écrasée sous le poids d'innom-
brables hordes de sauvages, et que de son tronc
sacré ont été arrachés deux de ses rameaux les
plus vivaces. Le prix de cette neutralité était
fixé depuis longtemps, et, en ce moment même,
il se règle à Ems, entre les deux représentants
du Nord, pendant que M. de Bismark note sur
la carte d'Asie les points à attaquer, les étapes
à parcourir.

Quelle est donc la dernière pensée de ce nou-
veau Messie?

Pour la découvrir, il nous faut remonter jusqu'au milieu du dix-septième siècle et ouvrir

(1) On doit se rappeler encore, en Angleterre, la question
de Chandernagor, soulevée pendant la campagne de France.

un Mémoire de *Leibnitz,* le plus grand pen-
seur de l'Allemagne.

Alors que Louis XIV se préparait à envahir
la Hollande, Leibnitz que nous ne connaissons
guère que comme philosophe, se rendit en
France et présenta au jeune monarque un Mémoire dans lequel il faisait d'abord ressortir les
inconvénients de la lutte qu'il allait entrepren-
dre, et lui indiquait ensuite une conquête plus
belle, plus avantageuse, plus sûre, plus digne de
ses efforts et de sa puissance. — C'était la conquête de l'Égypte.

Voici la conclusion de ce travail que
M. Thiers, dans son admirable *Histoire de la
Révolution française,* a appelé un des plus
beaux monuments de la raison et de l'éloquence
politiques :

« **En Égypte, la victoire donnera**
» **la domination des mers, le com-**
» **merce de l'Orient et de l'Inde, la**
» **prépondérance dans la Chrétienté**
» **et même l'empire d'Orient sur les**
» **ruines de la puissance Ottomane.**
» **La possession de l'Égypte ouvre**
» **le chemin à des conquêtes dignes**
» **d'Alexandre. L'extrême faiblesse**
» **des Orientaux n'est plus un se-**

» cret. Qui aura l'Égypte, aura
» toutes les côtes et toutes les îles
» de la mer des Indes.

» Il n'y a donc pas à hésiter, si le
» roi veut devenir et l'admiration
» et l'arbitre de l'univers. »

C'était, dit notre profond historien Henri Martin, c'était le génie même de la civilisation et de l'humanité qui appelait la France en Orient. La France n'a pas entendu cet appel, mais la barbarie l'entend; ce programme est devenu celui de l'Allemagne.

Ce que Leibnitz a conseillé, ce que Louis XIV n'a pas voulu tenter, ce que Napoléon Ier n'a pu faire, M. de Bismark l'accomplira. Si l'Occident tout entier ne se lève comme un seul homme, cette terre d'Égypte qui devait voir le triomphe de la civilisation, en sera prochainement le tombeau.

La route n'est-elle pas belle, en effet, de Berlin à Alexandrie, à travers la Méditerranée? La nature elle-même, en jetant au milieu des terres ce magnifique golfe de l'Adriatique, ne semble-t-elle pas être allée au devant des Allemands, pour les inviter à marcher à la conquête des plaines que féconde le Nil? Et, d'ailleurs, la possession de l'Égypte ne sera-t-elle pas, pour le peuple allemand, une terre d'abondance qui compensera l'aridité de son sol natal?

M. de Bismark l'a bien compris ainsi; mais il sait également que, pour en arriver là, il faut tuer l'Angleterre. L'Angleterre succombera donc sous les attaques combinées de l'Allemagne et de la Russie, l'Amérique restant spectatrice intéressée de la ruine de sa rivale.

Tel est le plan Bismark !

Le pacte est conclu, signé, paraphé.

La race slave aura les Indes, Constantinople, objet de tous ses désirs, et l'Asie, y compris l'Indoustan dont quelques lieues la séparent, pour s'y répandre en toute liberté; la race germanique, maîtresse d'Anvers et de Trieste, recueillera en Égypte et sur les côtes de la Méditerranée, devenue un lac allemand, ses membres épars dans l'univers; les États-Unis pourront, sans protestation, appliquer, par delà l'Atlantique, la doctrine de Monroë, et reprendre tout ce que les Européens possèdent dans le Nouveau-Monde. Il y aura alors trois grandes puissances : l'Amérique, la Russie et l'Allemagne. L'empereur d'Allemagne enverra, non des ambassadeurs, mais des préfets, à Vienne, à Rome, à Madrid, à Londres, à Paris!! Alors, comme jadis un général romain l'annonçait au peuple grec, ces vice-empereurs nous annonceront que nous sommes libres!!! La domination de Guillaume s'étendra sur tout l'Occident ; la race germanique aura combattu le grand combat ; elle aura purgé la terre. Séparés seulement par le Bad-él-Mandeb, les Russes et les Allemands pousseront ensemble un formidable hurrah, bardit monstrueux de la barbarie triomphante. La paix règnera dans l'Europe, soumise aux Teutons, et la mission Guillaume-Bismark sera cette fois terminée.

En sera-t-il ainsi, grand Dieu ! et les deux plus nobles nations du globe sont-elles destinées à être frappées de mort par cette race lâche et fourbe, peuple d'espions et de voleurs ! N'y a-t-il donc plus dans nos veines une goutte de sang gaulois, et n'avons-nous plus d'autre alternative que de suivre sur la terre d'exil ces populations vraiment françaises, toutes prêtes à mourir pour la France ; ou à traîner lâchement, sur un sol souillé, comme de vils esclaves, une vieillesse déshonorée, en donnant à nos maîtres des leçons de danse et de français.

Jeunesse de France, toi si généreuse, si belle et si brillante, même dans tes errements, secoue ta torpeur, laisse-moi là les plaisirs, le négoce aussi jusqu'à nouvel ordre, les lettres même et tout ce qui ne te prépare pas à la vengeance ; redeviens la nation guerrière ; nourris-toi de colère et de rage et rends-toi capable de repousser dans leurs forêts ces loups attachés aux flancs de la Patrie.

Et vous, peuple anglais, vous le patriotisme personnifié, n'allez-vous pas arracher le bandeau qui couvre vos yeux; n'allez-vous pas voir enfin que la France et l'Angleterre sont sœurs; que leurs destinées sont unies par des liens indissolubles, qu'elles seront victorieuses ensemble ou qu'ensemble elles rouleront dans l'abîme; que vous avez un ennemi commun avec lequel il n'y a plus de paix possible, et qui, s'il n'est vaincu par nous, vous rayera du nombre des nations? Ne voyez-vous pas que le moment est arrivé où les Allemands vont exécuter la sentence prononcée contre vous par leurs philosophes et leurs hommes d'Etat, lesquels ont déclaré et posé en principe que « l'influence d'un peuple en Europe doit être proportionnée à l'étendue de son territoire? »

Si vous le comprenez, si la lumière se fait, ne perdez pas un instant, et dépensez, pour fondre des canons, jusqu'à votre dernier penny. N'attendez pas surtout, comme nous, le coup de pied de l'empereur d'Allemagne. Aujourd'hui, il est bien tard : mais si vous attendez que M. de Bismark vous force, à son heure, à lui déclarer la guerre, Anglais!... il sera trop tard.

Paris, imp. Balitout, Questroy et Cᵒ, 7, rue Baillif.

9 782016 123829